Helena de Almeida

Golden Black Cat Tarot

KÖNIGSFURT
URANIA

Die in diesem Booklet enthaltenen Informationen und Ratschläge wurden von der Autorin sorgfältig recherchiert und geprüft. Eine Garantie kann dennoch nicht übernommen werden. Die Informationen und Ratschläge sind außerdem nicht dazu gedacht, die Beratung durch einen Arzt oder Therapeuten zu ersetzen, sofern eine solche angezeigt ist. Eine Haftung der Autorin oder des Verlags ist ausgeschlossen.

Bibliographische Information der Deutschen Nationalbibliothek
Die Deutsche Nationalbibliothek verzeichnet diese Publikation in der Deutschen National-
bibliographie; detaillierte bibliographische Daten sind im Internet über
http://dnb.d-nb.de abrufbar.

Das gesamte Werk (Text und Karten) ist im Rahmen der Urheberrechtsgesetze geschützt. Jegliche vom Verlag nicht genehmigte Verwertung ist unzulässig, es sei denn, es handelt sich um eine Rezension oder Produktvorstellung, worin kurze Passagen zur Verdeutlichung in Zeitschriften, Zeitungen oder auf Websites zitiert werden.

2. Auflage 2022
Copyright © 2022 Königsfurt-Urania Verlag GmbH

Königsfurt-Urania Verlag GmbH, Ringstr. 32, D-24103 Kiel
www.koenigsfurt-urania.com • www.tarot-online.com

Übersetzung: Simone Fischer
Text und Artwork: Helena de Almeida
Projektleitung und Lektorat: Dr. Jennifer Lorenzen-Peth
Satz und Layout: Antje Betken

Printed in China by Hung Hing Off-Set Printing Co. Ltd.

ISBN: 978-3-86826-567-5

Inhalt

Widmung

Ich danke meinem geliebten Ehemann
Bernd Alfred Grimm für seine Unterstützung.
Er hat von Anfang an mich geglaubt
und mich immer wieder motiviert.

Dem göttlichen Universum bin ich
unendlich dankbar, dass es mir
die Wahrheit gezeigt hat.

Dieses Buch wurde mit dem Wissen
geschrieben, das ich in den letzten 20 Jahren
durch meine intensive Beschäftigung mit dem
Tarot erworben habe.

Ich danke dir dafür,
dass du das

Golden Black Cat Tarot
erworben hast.

Helena Isabel Isidro de Almeida

Wie die Idee zu diesem Tarot geboren wurde

Dieses Tarot wurde nach einer Meditation geboren. Es begann damit, dass ich das Universum um seine Führung bat und daraufhin eine schwarze Katze visualisierte.

Als ich anfing, dieses Kartendeck zu zeichnen, kamen die Farben ganz natürlich zu mir. Es schien, als würde ich bei jedem Strich, den ich zog, geführt werden.

Dieses Tarot hat eine sehr starke Bedeutung für mich – ich fühle mich durch die Tatsache, dass die Idee in einer Meditation mit dem göttlichen Universum entstanden ist, spirituell mit ihm verbunden. Immer wieder wurde mir der Weg zum Weitermachen durch das Universum gezeigt, und Ich bin sehr dankbar, dass ich Teil dieses Projekts sein durfte.

Ich hoffe, dass auch du diese spirituelle Verbindung spüren kannst.

Wie du die Karten des Golden Black Cat Tarot verwenden kannst

Dieses Tarot besteht aus 78 Karten:
22 Karten der Großen Arkana und
56 Karten der Kleinen Arkana.

Die Großen Arkana repräsentieren
verschiedene Archetypen der Menschheit
und zeigen deren Chancen, Qualitäten,
Stärken und Schwächen auf.

Bitte beachte beim Legen der Großen
Arkana die Chancen, Gefahren, Stärken und
Schwächen des gezeigten Charakters und der
Dinge, die ihn umgeben, und lasse dich von
deiner Intuition führen. Sie wird dir zeigen,
welcher Bereich aktuell für dich
am wichtigsten ist.

Am Ende der Beschreibung findest du bei jeder
Karte in diesem Buch eine Botschaft,
die dir auf deinem weiteren Weg
Unterstützung bieten kann.

Auf den Karten der Großen Arkana befindet sich das Hauptsymbol in der Mitte, darüber ein Pentagramm mit der Zahl der Karte, beginnend mit der Zahl Null und endend mit der Zahl Einundzwanzig.

Symbol auf den Karten der Großen Arkana

Die Kleinen Arkana stellen die Eigenschaften der vier Elemente Wasser, Feuer, Luft und Erde dar. Dabei ist jede Reihe einem Element zugeordnet.

Die Stäbe stehen für das Element Feuer und repräsentieren unsere Seele, Leidenschaften, Energien und Dynamiken.

Symbol auf den Stäbe-Karten

Die Kelche stehen für das Element Wasser und repräsentieren unsere innere Gefühlswelt.

Symbol auf den Kelch-Karten

Die Schwerter stehen für das Element Luft und repräsentieren Geist und Verstand.

Symbol auf den Schwert-Karten

Die Münzen (die manchmal auch Scheiben
oder Pentakel genannt werden) stehen für das
Element Erde und repräsentieren
alles Materielle.

Symbol auf den Münz-Karten

Wenn andere Menschen dein Tarot berührt
haben, ist es sinnvoll, es zu reinigen.
Ich mache dies, indem ich alle Karten in die
Hand nehme und das göttliche Universum
bitte, die Karten von ihrer gesamten Energie zu
reinigen und mit neutraler Energie zu füllen.
Ich arbeite nicht mit auf dem Kopf liegenden
oder umgedrehten Karten, aber du kannst das
natürlich gerne tun.
Nachfolgend zeige ich dir zwei Beispiele
für das Legen von Tarotkarten.
Natürlich steht es dir frei, auch andere
Legesysteme anzuwenden.

Mein liebstes Legesystem

Das Legesystem, das ich am liebsten anwende, ist das Ziehen einer Tageskarte nach meiner Morgenmeditation. Hierbei verwende ich ein Pendel, das mir bei der Wahl der Karte hilft. Ich gehe dabei so vor:

1. Im Sitzen mische ich die Karten und bitte das göttliche Universum, mir eine Botschaft durch die Tarotkarten zu schicken.

2. Ich teile das Deck in zwei Hälften und lege die beiden Kartenstapel so auf den Tisch, dass ich die Symbole auf den Karten nicht sehen kann.

3. Ich lasse das Pendel über der Flamme einer weißen Kerze schwingen.

4. Dann platziere ich das Pendel über jeden der beiden Kartenstapel, ohne sie dabei zu berühren. Der Stapel, bei dem sich das Pendel im Uhrzeigersinn dreht, enthält meine Karte. Den anderen Stapel entferne ich vom Tisch.

5. Ich wiederhole die Schritte ab Schritt 2,
bis nur noch eine Karte auf dem Tisch liegt.
Dies ist meine gewählte Karte für den
Rest des Tages.

Ich analysiere die Karte sorgfältig
und lasse mich von meiner Intuition
durch alle Aspekte der Karte führen,
also die Chancen, Gefahren,
Stärken und Schwächen.

All diese Erkenntnisse versuche ich
im Laufe des Tages in die Praxis
umzusetzen,
sodass ich die Stärken und
Chancen nutzen
und die Schwächen und Gefahren
vermeiden kann,
indem ich
mein Verhalten ändere.

Das Keltische Kreuz

Dies ist das beliebteste Legesystem, das sehr viele Menschen verwenden. Ich wende es an, wenn ich wirklich etwas verstehen muss, was mir eine Tageskarte nicht erklären kann.

1 – Aktuelle Situation der Person

2 – Das zu überwindende Hindernis

3 – Die Ursache des Hindernisses

4 – Der wahre Grund für die aktuelle Situation

5 – Einflüsse der Vergangenheit
auf die aktuelle Situation

6 – Die Zukunft, die sich bald
manifestieren wird

7 – Deine Einstellungen in Bezug
auf die aktuelle Situation

8 – Wie andere dich in der gegenwärtigen
Situation sehen

9 – Deine Hoffnungen und Ängste

10 – Das Ergebnis, wie die gegenwärtige
Situation gelöst werden wird

Die Großen Arkana

0 – Der Narr

Stärken Reinheit, offener Geist, selbstmotiviert, ehrlich und optimistisch

Chancen Neuanfänge, neue Beziehungen, sich verlieben, Abenteuer und Überraschungen im Leben

Schwächen Impulsiv und unverantwortlich

Gefahren Mögliche Unfälle und Enttäuschungen

Botschaft Ja, ein wenig Abenteuerlust und Verrücktheit können durchaus gesund sein, aber lasse nicht zu, dass dies zur Grundlage für wichtige Entscheidungen in deinem Leben wird. Wenn du das tust, kannst du leicht enttäuscht werden, wodurch sich dann Frustration bei dir einstellt.

1 – Der Magier

Stärken Impulsgebung, entschlossen, überzeugend, bewusst, aktiv, zielgerichtet, wissbegierig, kreativ, selbstbewusst

Chancen Etwas Neues lernen, einen neuen Kurs/Ausbildung starten; alte oder neue Ziele sowie magische Ergebnisse erreichen; neue Projekte starten

Schwächen Zu viel Selbstvertrauen, mangelnde Kommunikation und schlechte*r Zuhörer*in

Gefahren Misserfolge sind möglich, Aufgaben und wichtige Ereignisse können vergessen oder verpasst werden.

Botschaft Starte ein Projekt, aber vergiss nicht, dabei auch auf die Ideen anderer Menschen zu hören. Ein Projekt sollte ein Puzzle sein, bei dem die Menschen die magischen Puzzleteile sind. Um gute Ergebnisse zu erzielen, ist es unerlässlich, miteinander zu kommunizieren.

2 – Die Hohepriesterin

Stärken Sehr gute Intuition, Heiler*in, hohes Selbstvertrauen

Chancen Wissen, das weit über das hinausgeht, was die Wissenschaft beweisen kann

Schwächen Egoistisch

Gefahren Geheimnisse, die nicht bekannt werden sollten, könnten aufgedeckt werden.

Botschaft Höre auf deine Intuition, weil diese dich darin unterstützt, deine aktuelle Situation zu verstehen. Teile dein Wissen mit anderen und sei immer ehrlich. Nutze deine Kraft, um dich selbst zu heilen, und lehre andere, wie man dies erreicht.

3 – Die Herrscherin

Stärken Gütig, tolerant, sinnlich, liebevoll, kreativ, Natur- und Kunstliebhaber*in

Chancen Mütterlichkeit, gute Einflüsse von reifen Menschen annehmen, persönliche Projekte mit guten Ergebnissen abschließen

Schwächen Extravagant, besitzergreifend und übermäßig tolerant

Gefahren Schlechte Einflüsse von anderen können einem persönlichen Projekt, einer Freundschaft oder einer Beziehung schaden.

Botschaft Sei freundlich und höre auf reife Menschen, die dir gute Ratschläge geben können. Übertriebene Eitelkeit und Freundlichkeit können dir Unglück bringen und dich in Einsamkeit stürzen. Gehe hinaus in die Natur, um deinen Geist zu reinigen.

4 – Der Herrscher

Stärken Organisiert, strukturiert, ehrgeizig und entschlossen

Chancen Ziele erreichen

Schwächen Unsensibel, autoritär, rechthaberisch und starrköpfig

Gefahren Zu starke Kontrollübernahme in Beziehungen, zieht dominante Menschen an, verliert den Respekt der anderen

Botschaft Strukturiere deine Ideen auf intelligente Weise und höre auf, dein inneres Ego zu sehr zu füttern. Respektiere dich selbst, um von anderen respektiert zu werden.

5 – Der Hierophant

Stärken Gute*r Lehrer*in, spirituelle Führung,
Guru oder Schlichter*in

Chancen Nimmt Herausforderungen an,
die sein Leben verbessern können

Schwächen Hat Schwierigkeiten, sich auf
andere einzustellen

Gefahren
In der Vergangenheit
verharren statt in der
Gegenwart zu leben

Botschaft Rufe deinen
geistigen Führer an und
nimm sein Wissen an, um
dein Leben zu verbessern.
Du benötigst gerade in
diesem Moment einen offenen
Geist. Geh mit gutem Beispiel
voran, sodass andere von dir
lernen können.

6 – Die Liebenden

Stärken Wissen, was richtig und was falsch ist

Chancen Eine neue Romanze beginnt oder die bestehende Beziehung wird gestärkt.

Schwächen Anfällig für Versuchungen und Betrügereien

Gefahren Eine Entscheidung muss getroffen werden, die sich negativ auf eine Beziehung auswirken kann.

Botschaft Lerne aus der Vergangenheit. Du solltest keiner dritten Person gestatten, sich in dein Privatleben einzumischen, und auch nicht diese dritte Person im Leben anderer Menschen sein. Triff deine Entscheidungen so, dass sie dir und anderen nicht schaden.

7 – Der Wagen

Stärken Starke Motivation, seine Ziele zu erreichen

Chancen Erfolg im Berufsleben

Schwächen Sein Leben von anderen kontrollieren lassen

Gefahren Es ist möglich, dass Ziele aufgrund der Einflussnahme durch Dritte nicht erreicht werden können.

Botschaft Wenn du deine Entscheidungen ehrlich triffst, wirst du keinen Zweifel verspüren, welchen Weg du einschlagen solltest. Hüte dich vor äußeren Einflüssen, die in dein Leben treten.

8 – Kraft

Stärken Mutig, einfühlsam und stark

Chancen Erfolg bei der Nutzung mentaler Stärke zur Lösung schwieriger Situationen

Schwächen Sich von Ängsten beherrschen lassen

Gefahren Wer versucht, körperliche Stärke einzusetzen, obwohl geistige Stärke eingesetzt werden sollte, verschlimmert dadurch die aktuelle Situation. Dies kann zu Gefühlen tiefer Frustration führen.

Botschaft Mutig zu sein bedeutet nicht nur, sich in körperliche Kämpfe zu stürzen. Gerade jetzt musst du deine mentale Stärke einsetzen, um das Gleichgewicht zu halten und schwierige Situationen zu meistern.

9 – Der Eremit

Stärken Kann gut allein sein und für sich selbst denken

Chancen Die Antworten auf Fragen findet der Eremit in seinem Inneren und durch Gespräche mit sich selbst.

Schwächen Ist ungeduldig, wenn es darum geht, Antworten zu bekommen

Gefahren Aufgrund der Ungeduld, auf die richtige Antwort zu warten, können Denkblockaden auftreten.

Botschaft Wenn Zweifel und Verwirrung auftreten, ist es notwendig, sich von der Welt zurückzuziehen und ohne Einfluss von außen über die aktuelle Situation nachzudenken. Die Antworten liegen in uns selbst und nicht in anderen.

10 – Rad des Schicksals

Stärken Glück im Leben

Chancen Von einer Situation in eine bessere gelangen

Schwächen Glück kann sich in Unglück verwandeln, wenn falsche Entscheidungen getroffen werden.

Gefahren Das Gefühl, keine Kontrolle über das eigene Leben zu haben

Botschaft Es ist nicht immer möglich, alles zu kontrollieren. Manchmal ist es notwendig, die Energie einfach fließen zu lassen und Entscheidungen im Einklang mit dem Fluss des Lebens zu treffen. Nimm alles dankbar an, was das Universum dir zuweist.

11 – Gerechtigkeit

Stärken Entschlossen und
gerechtigkeitsliebend

Chancen Richtige Entscheidungen auf der
Grundlage rationalen Denkens treffen

Schwächen Emotionen nehmen überhand über
das rationale Denken

Gefahren Kann unfair gegenüber anderen und
sich selbst sein

Botschaft Triff rationale
Entscheidungen, wenn du
nicht zu stark emotional
beteiligt bist, und gehe
dabei logisch und objektiv
vor. Es ist wichtig und
notwendig, die Verantwortung
für getroffene Entscheidungen
zu übernehmen,
daraus zu lernen und
voranzuschreiten.

12 – Der Gehängte

Stärken Weisheit, die sich aus gegensätzlichen und widersprüchlichen Ideen ergibt

Chancen Die Gelegenheit, das Leben zu verbessern

Schwächen Nimmt nicht den Verlust mancher Dinge in Kauf, um das Leben zu verbessern.

Gefahren Im Leben stagnieren und sich langweilen

Botschaft Halte inne und beobachte alles um dich herum. Du solltest nicht davon ausgehen, dass deine derzeitige Situation aufgrund anderer Menschen so ist, denn du bist selbst für dein Leben verantwortlich. Schmiede neue Pläne und beginne von vorne.

13 – Tod

Stärken Jemand, der etwas verändern
und gestalten kann

Chancen Etwas aus einem vergangenen oder
gegenwärtigen Leben beenden,
um etwas Neues zu beginnen

Schwächen Angst vor Veränderung

Gefahren Ist möglicherweise in der
Vergangenheit gefangen und wird deswegen
daran gehindert, in einer neuen Lebensphase
voranzukommen.

Botschaft Damit etwas Neues im Leben mit
positiven Veränderungen beginnen kann, ist es
notwendig, etwas aus der Vergangenheit zu
beenden. Die Angst vor Veränderung
kann jedoch dazu führen,
dass du nicht weiterkommst,
sie blockiert deine
persönliche Entwicklung.

14 – Mäßigkeit

Stärken Gute Selbstbeherrschung, Heiler*in, harmonischer Mensch

Chancen Ausgeglichenes Privat- und Berufsleben

Schwächen Macht sich mehr Sorgen um andere als um sich selbst

Gefahren Wenn man Details keine Aufmerksamkeit schenkt, stürzt man ins Chaos und gelangt aus dem Gleichgewicht.

Botschaft Um in allen Lebensbereichen ein Gleichgewicht zu erreichen, solltest du auf Details achten, die sonst vielleicht unbemerkt bleiben. In dieser Zeit ist Geduld erforderlich. Konzentriere dich mehr auf dich selbst, um das zu erreichen, was du willst.

15 – Der Teufel

Stärken Ehrgeizig

Chancen Die Möglichkeit, seine eigenen
Grenzen zu akzeptieren und sein Bewusstsein
zu entwickeln

Schwächen Geringes Bewusstsein und Mangel
an Mitgefühl

Gefahren Lebt möglicherweise eine Lüge
und lässt sich von der Gesellschaft an einen
dunklen und leidvollen Ort führen

Botschaft Du vergisst deine wahren
Werte, wenn du dich von
anderen manipulieren
lässt, die dir Illusionen,
Materialismus und fleischliche
Begierden vorgaukeln. Sei
dir bewusst, wer du bist,
und lasse nicht zu, dass
du in einem leidvollen
Leben versinkst.

16 – Der Turm

Stärken Hartnäckigkeit

Chancen Befreiung von etwas im Leben, das schmerzt

Schwächen Versetzt sich in die Opferrolle und weigert sich, die Wahrheit zu erkennen

Gefahren Stagnation, Unfähigkeit, die Komfortzone zu verlassen, was in allen Lebensbereichen zum Scheitern führen kann.

Botschaft Das Chaos, das in deinem Leben herrscht, hast du selbst geschaffen. Nur du hast die Macht, dich davon zu befreien. Möglicherweise musst du lernen, deine Komfortzone zu verlassen, denn um die Situation zu verbessern, ist es nötig, sich zu verändern.

17 – Der Stern

Stärken Inspiration, Selbstentfaltung, Optimismus

Chancen Verwirklichung eines schönen Traums oder eines Wunsches

Schwächen Verlangt zu viel von sich selbst

Gefahren Ist möglicherweise nicht in der Lage, alle Aufgaben zu bewältigen, weil er/sie alles auf einmal will

Botschaft Begib dich an einen ruhigen Ort und denke darüber nach, was du willst, und erledige dann eine Sache nach der anderen. In der Meditation wirst du die Inspiration erhalten, die du benötigst. Entwickle deine eigene Art zu meditieren, du hast alles dazu, was du brauchst.

18 – Der Mond

Stärken Intuition

Chancen Einen Ausweg aus gedanklichen Verwirrungen und Unklarheiten finden

Schwächen Unkenntnis darüber, wie man seine dunkle Seite kontrollieren kann

Gefahren Wer unsicher ist und sich selbst nicht vertraut, kann die Wahrheit nicht sehen. Er glaubt an etwas Unwirkliches.

Botschaft Wir wollen oft an etwas glauben, das in der Realität gar nicht existiert, das eine Illusion ist. Lasse dich in diesem Moment von deinem Instinkt leiten; vertraue ihm, auch wenn er etwas sagt, was du nicht hören willst.

19 – Die Sonne

Stärken Gute Energie, Kreativität und Glück

Chancen Neue Freundschaften, Anerkennung bei der Arbeit und ein persönliches Leben auf dem richtigen Weg

Schwächen Zu selbstbezogen

Gefahren Wenn jemand zu sehr glänzt, kann dies Neid und negative Energien anziehen.

Botschaft Manchmal führt unsere Leuchtkraft dazu, dass andere Menschen sich niedergeschlagen fühlen, weil sie nicht in der Lage sind, auf die gleiche Weise zu strahlen. Aus diesem Grund solltest du den Erfolg und das Glück, das du erfährst, nur begrenzt zeigen.

20 – Gericht

Stärken Freiheitsdrang, Vergebung, Reue

Chancen Vergebung für vergangene Taten erhalten und für vergangene Taten belohnt werden

Schwächen Gefangen in vergangenen Denkweisen

Gefahren Kann für vergangene Handlungen und Entscheidungen negativ beurteilt und kritisiert werden

Botschaft Im Laufe unseres Lebens treffen wir Entscheidungen und führen Handlungen aus, die eines Tages Konsequenzen haben werden. Tue Gutes, um Gutes zu empfangen. Tue anderen gegenüber nichts, von dem du nicht möchtest, dass sie es dir gegenüber tun.

21 – Die Welt

Stärken Sich seiner selbst bewusst sein, das innere Selbst kennen

Chancen In Harmonie mit sich selbst und allem um sich herum leben

Schwächen Übermäßiges Vertrauen in sich selbst

Gefahren Den falschen Lebensweg wählen

Botschaft Wenn wir aufhören, uns selbst zu hinterfragen, kann es passieren, dass wir uns falsche Vorstellungen machen, wer wir wirklich sind und was wir wollen. Schaue daher regelmäßig in dein inneres Selbst und hinterfrage dich, um den richtigen Weg einzuschlagen.

Die Kleinen Arkana

Ass der Stäbe

Stärken Vision, visionäre Person

Chancen Gute Ergebnisse durch eigene Arbeit

Schwächen Grenzen werden nicht respektiert

Gefahren Unkontrolliertes Arbeiten durch Überschreiten der eigenen Grenzen

Botschaft Setze deine Ideen in die Tat um, denn dies ist die Zeit, in der du etwas Erfolgreiches in deinem Leben erreichen kannst. Vergiss dabei aber nicht deine Grenzen, damit du nicht alles verlierst.

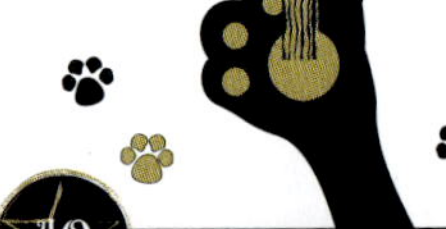

Zwei der Stäbe

Stärken Überzeugungskraft

Chancen Du kannst deine wahre persönliche Kraft entdecken und andere von deinen Ideen und Wünschen überzeugen.

Schwächen Arroganz

Gefahren Wünsche und Ideen, die nicht umgesetzt werden, weil es an Bescheidenheit und Kommunikation mit anderen Menschen fehlt, die dir hätten helfen können

Botschaft Manchmal liegt der Schlüssel zum Erfolg nicht unbedingt darin, die Macht zu haben, etwas zu tun. Menschen zusammen zubringen und diese Macht miteinander zu teilen, erhöht die Erfolgsaussichten.

Drei der Stäbe

Stärken Abenteuer und Entdeckung

Chancen Beginn eines wichtigen Plans oder einer Reise, die seit Langem vorbereitet wurde

Schwächen Ungeduld

Gefahren Hindernisse und Schwierigkeiten auf dem Weg zu diesem neuen Abenteuer

Botschaft Um einen Plan in einem beliebigen Lebensbereich erfolgreich zu verwirklichen, ist es notwendig, alle vergangenen, gegenwärtigen und zukünftigen Umstände zu erforschen, den Horizont aufmerksam zu betrachten und jedes noch so kleine Detail zu berücksichtigen und zu planen.

Vier der Stäbe

Stärken Feiern, Gemeinschaft

Chancen Ein Leben in Harmonie, Momente des
reinen Glücks

Schwächen Furcht vor Veränderungen

Gefahren Die Ablehnung von Veränderungen,
die zu neuen Momenten des Glücks führen
können

Botschaft Manchmal haben wir das Gefühl,
dass unser Leben so harmonisch ist,
dass wir darüber eines vergessen:
Wir dürfen nicht stagnieren,
weil diese Momente sonst
verlorengehen.
Du brauchst
dich nicht vor
kleinen Veränderungen
in deinem Leben
zu fürchten.

Fünf der Stäbe

Stärken Denken und Kämpfen

Chancen Einen inneren Kampf oder einen Wettbewerb mit anderen gewinnen

Schwächen Unsicher und wütend, zu kämpferisch

Gefahren Innere Kämpfe mit sich selbst, Menschen von sich wegstoßen

Botschaft Du denkst vielleicht, dass du dich in einer unglücklichen Lebensphase befindest und dass sich alles gegen dich wendet. Gerade in diesem Moment ist es wichtig, ruhig zu bleiben und über Lösungen nachzudenken. So wirst du Harmonie erreichen.

Sechs der Stäbe

Stärken Stolz auf sich selbst

Chancen Für die eigenen Bemühungen belohnt werden

Schwächen Egoistisch

Gefahren Einsamkeit

Botschaft Stolz auf sich selbst zu sein ist etwas Gutes, aber wer zu stolz ist, kann egozentrisch und selbstsüchtig werden. In dieser Phase kannst du in vielen Bereichen des Lebens erfolgreich sein, wenn du lernst, dem Leben auch mit Demut zu begegnen.

Sieben der Stäbe

Stärken Selbstvertrauen

Chancen Das tun, was man wirklich tun will

Schwächen Negative Gedanken, Dickköpfigkeit, Verteidigung

Gefahren Nicht ehrlich zu sich selbst sein und etwas tun, was man nicht tun will

Botschaft Wenn Negativität und Aggression von uns Besitz ergreifen, tun wir Dinge, die wir in einem normalen Zustand nie tun würden. Jetzt ist es an der Zeit, aus dem Verteidigungsmodus herauszukommen und positiver zu agieren.

Acht der Stäbe

Stärken Intuitiv, schnelles Handeln

Chancen Wichtige Informationen können durch Reflexion oder Meditation empfangen werden.

Schwächen Übermäßiges Nachdenken

Gefahren Das Verpassen von Gelegenheiten, um gute Entscheidungen zu treffen

Botschaft Wenn man zu viel nachdenkt, verpasst man manchmal die Gelegenheit, etwas Wichtiges in die Tat umzusetzen. Das kann zu Chaos in deinem Leben führen. Handle daher immer im Einklang mit deiner Intuition.

Neun der Stäbe

Stärken Umsichtig und aufmerksam

Chancen Gute Entscheidungen auf der Grundlage der Erfahrungen aus früheren Handlungen treffen

Schwächen Zu defensiv sein

Gefahren Bereits im Voraus leiden

Botschaft Es ist gut, aus vergangenen Handlungen zu lernen, aber wenn wir diese Regel zu strikt anwenden, leiden wir vielleicht schon im Voraus. Benutze deinen gesunden Menschenverstand, um die aktuelle Situation anhand der Vergangenheit zu analysieren.

Zehn der Stäbe

Stärken Anpackend, hilfsbereit und verantwortungsbewusst

Chancen Seine Zeit besser einteilen

Schwächen Unterwürfig

Gefahren Geistige oder körperliche Erschöpfung

Botschaft In jedem Bereich des Lebens, in dem man viele Aufgaben hat, wird immer irgendetwas nicht optimal durchgeführt. Du solltest dich nicht schuldig fühlen, wenn du nicht alles auf einmal erledigen kannst.

Page der Stäbe

Stärken Fröhlich

Chancen Etwas Gutes und Neues tritt in dein Leben.

Schwächen Kindisch

Gefahren Unerledigte Dinge zurücklassen

Botschaft Etwas Neues, Frisches und Angenehmes wird eintreffen, und unser inneres Kind wird vor Freude strahlen. Allerdings ist in diesem magischen Moment auch Vorsicht geboten, damit du nicht etwas Wichtiges vergisst, das noch zu erledigen ist.

Ritter der Stäbe

Stärken Charmant

Chancen Spannende Momente und viel Abwechslung stehen bevor.

Schwächen Extremist

Gefahren Das, was gezeigt wird, ist nicht das, was es in Wirklichkeit ist.

Botschaft Es ist an der Zeit, dass du oder jemand anderes zeig(s)t, wer du wirklich bist, dass du die Maske ablegst. Manchmal überschattet der Glanz die Wahrheit, was eine gefährliche Illusion für alle Beteiligten sein kann.

Königin der Stäbe

Stärken Gutes Selbstwertgefühl, attraktiv, intuitiv und entschlossen

Chancen Gute Ergebnisse in allen Lebensbereichen, positive Nutzung deiner Intuition

Schwächen Verletzlich

Gefahren Verraten werden

Botschaft Selbst ein Superheld hat seine verletzliche Seite, und diese Karte ruft dich dazu auf, deine Verletzlichkeit zu erkennen. Nur so kannst du dich vor anderen schützen, die dich beneiden und dir schaden wollen.

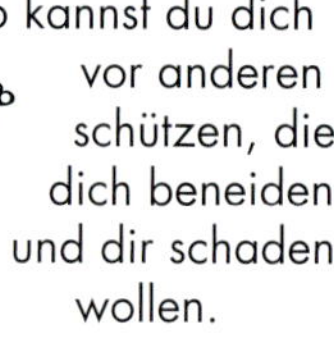

König der Stäbe

Stärken Inspirierend, majestätisch, dramatisch und energiegeladen

Chancen Neue Dinge können schneller erlernt werden, und das erlernte Wissen kann in neuen Herausforderungen angewendet werden

Schwächen Anmaßend

Gefahren Ein persönlicher Konflikt mit einem anderen Menschen, der in der aktuellen Angelegenheit ebenso machtvoll ist

Botschaft Dies ist eine Lebensphase, in der Stabilität herrscht, in der es Raum gibt, um neue Ziele zu erreichen. Aber es gibt auch jemanden, der sich vielleicht in diesen Prozess einmischen will und kann.

Ass der Kelche

Stärken Emotionen, Gefühle, Romantik

Chancen Eine Romanze erleben, jemandem oder der Familie näher kommen oder sein inneres Selbst finden

Schwächen Übermäßige Emotionalität

Gefahren Ist möglicherweise nicht in der Lage, die aktuelle Realität zu erkennen

Botschaft Neue Beziehungen zu sich selbst oder zu anderen sind immer emotional und voller tiefer Gefühle, doch du solltest diese Gefühle nicht übertreiben, um das emotionale Gleichgewicht zu wahren.

Zwei der Kelche

Stärken Altruistisch und attraktiv

Chancen Neue Liebesbeziehung oder Festigung der bestehenden Partnerschaft

Schwächen Zu sehr auf den anderen konzentriert

Gefahren Verlust der wahren Liebe

Botschaft Um eine gute Liebesbeziehung zu führen, gibt es neben der sexuellen Anziehung wichtige Säulen, wie Respekt, Kommunikation und Vertrauen. Vergiss nie, dass Sex allein noch keine Liebe ist.

Drei der Kelche

Stärken Einfühlungsvermögen, sozial und mitfühlend

Chancen Gute und glückliche Momente mit anderen und mit sich selbst erleben

Schwächen Selbstverliebtheit

Gefahren Die eigenen Bedürfnisse vergessen und nur für das Wohlergehen der anderen leben

Botschaft Zwischenmenschliche Beziehungen sind sehr wichtig, denn in dieser Welt sind wir alle miteinander verbunden. Aber es ist auch wichtig, mit sich selbst im Reinen zu sein, damit wir auch anderen helfen können.

Vier der Kelche

Stärken Selbstanalyse und Selbstbeherrschung

Chancen Heilung von seelischem und
geistigem Schmerz

Schwächen Melancholie, Überdruss

Gefahren Tiefe Depression

Botschaft Beobachte deinen eigenen mentalen
Zustand, werde dir seiner bewusst und schau
dir auch an, was dich umgibt. Tappe jedoch
nicht in die Falle der Depression. Du hast
alles, was du brauchst, um im seelischen
Gleichgewicht zu bleiben.

Fünf der Kelche

Stärken Nachdenklich, Verlust

Chancen Vergib dir selbst für vergangene Handlungen oder Entscheidungen, durch die du etwas verloren hast.

Schwächen Selbstanklage

Gefahren Du erkennst wichtige Lebenschancen nicht, die sich dir bieten.

Botschaft Anstatt zu bedauern, was du verloren hast, schau auf das, was um dich herum in deinem Leben ist, und sei dankbar für das, was du hast, damit du heute nichts Wichtiges verpasst.

Sechs der Kelche

Stärken Rein, aufrichtig und friedfertig

Chancen In schönen Erinnerungen schwelgen, das innere Kind zum Vorschein bringen und entspannende und friedliche Momente verbringen

Schwächen Zu nostalgisch

Gefahren Sich in der Vergangenheit verlieren, ohne in der Gegenwart leben zu können

Botschaft Im Erwachsenenalter müssen wir uns daran erinnern, wie gut es ist, ohne den Druck der aktuellen Verantwortung zu leben. Erwecke dein inneres Kind, aber kontrolliere es, damit du dich nicht in der Vergangenheit verlierst.

Sieben der Kelche

Stärken Traum, Illusion

Chancen Die richtige Entscheidung für das treffen, was wirklich gebraucht wird

Schwächen Unentschlossen und zögerlich

Gefahren In einer Illusion leben und dabei vergessen, was im wirklichen und aktuellen Leben wichtig ist

Botschaft Wenn wir viel Zeit damit verbringen, darüber nachzudenken, was wir gerne hätten, können wir das aus den Augen verlieren, was wir in der Gegenwart wirklich brauchen. Triff deine Entscheidungen Schritt für Schritt und entsprechend dem gegenwärtigen Moment.

Acht der Kelche

Stärken Flexibilität, Anpassungsfähigkeit, Aufbruch und Aufgeschlossenheit

Chancen Gleichgewicht im Leben erreichen

Schwächen Furchtsamkeit

Gefahren Sich im Kreis drehen, ohne die Möglichkeit, den richtigen Lebensweg einzuschlagen

Botschaft Es kommt eine Zeit im Leben, in der man sich verändern und die verworrene und unausgeglichene Vergangenheit hinter sich lassen muss, um einen Neuanfang zu wagen.

Neun der Kelche

Stärken Dankbarkeit, Erfüllung

Chancen Wünsche werden wahr.

Schwächen Maßlosigkeit

Gefahren Bedauern über etwas, das man sich wirklich gewünscht hat und das eingetreten ist, aber negative Folgen hatte

Botschaft Was wir uns wünschen, ist nicht immer gut für uns. Mit gesundem Menschenverstand, Freundlichkeit und Ehrlichkeit kannst du etwas erreichen, das positive Ergebnisse und Zufriedenheit bringt.

Zehn der Kelche

Stärken Zufriedenheit und positive Energie

Chancen Sich durch die Familie, die man hat, gesegnet fühlen

Schwächen Nicht zufrieden sein, immer mehr wollen

Gefahren Den Respekt und die Liebe für die Menschen um einen herum verlieren, besonders für Menschen mit stärkeren Verbindungen

Botschaft Wenn du deine Familie mit Liebe, Respekt und Ehrlichkeit behandelst, wirst du immer von einem Gefühl der Harmonie und des Glücks umgeben sein. Lass nicht zu, dass äußere Wünsche das zerstören, was du am meisten schätzt.

Page der Kelche

Stärken Sensibel, fantasievoll und romantisch

Chancen Aktuelle oder neue Beziehung voller starker und emotionaler Gefühle, da du deine Kreativität und Romantik einsetzt

Schwächen Zwanghaftes Verhalten

Gefahren Läuft Gefahr, in einer Liebesbeziehung zu sein, in der man nur gibt und nicht empfängt, oder/und eine platonische Romanze zu leben

Botschaft Viele von uns neigen dazu, eine Liebe zu begehren und zu leben, die wir selbst projizieren, die der andere aber gar nicht zu leben und zu geben bereit ist. Achte auf die Signale des anderen.

Ritter der Kelche

Stärken Gefühlvoll, liebevoll

Chancen Ehrlichkeit gegenüber sich selbst und anderen in Bezug auf die eigenen Absichten

Schwächen Verwirrung und Zweifel

Gefahren Lebt möglicherweise eine Liebe oder eine Beziehung, die er*sie nicht will, aus der er*sie aber nicht herauskommt

Botschaft Du kannst selbstbehauptet leben und es erreichen, dass dein Leben weniger kompliziert und weniger schmerzhaft ist, wenn du ehrlich und durchsetzungsfähig mit dir selbst und anderen bist. Dann wirst du immer in Harmonie leben.

Königin der Kelche

Stärken Großzügigkeit und Mitgefühl

Chancen Die Wahrheit sehen, wo die Gefühle
stark und tief sind; anderen helfen

Schwächen Zu emotional und tolerant

Gefahren Du kannst dir selbst schaden, wenn
du anderen zu sehr hilfst, weil du emotional zu
sehr involviert bist.

Botschaft Dies ist eine Phase, in der du
dich stark fühlst und in der
es dir nicht an
Möglichkeiten
mangelt,
anderen zu
helfen und
ihnen zuzuhören.
Harmonie und
Verständnis liegen in
der Luft.

König der Kelche

Stärken Diszipliniert, organisiert und tolerant

Chancen Ausgeglichenheit in jeder komplexen Situation oder Lebensherausforderung

Schwächen Zu selbstbeherrscht

Gefahren Kann emotional zu verschlossen sein, um weise Ratschläge anzunehmen

Botschaft Wenn wir Ratschläge von guten Menschen mit mehr Lebenserfahrung erhalten, können wir mit mehr Reife einen leichteren Weg einschlagen, selbst wenn große Hindernisse vor uns liegen.

Ass der Schwerter

Stärken Gerechtigkeit, Klarheit

Chancen Es steht eine Herausforderung an, die das Leben verbessern wird.

Schwächen Ablenkung

Gefahren Unfähigkeit, wichtige Fakten in einer Herausforderung zu sehen oder zu erkennen

Botschaft An diesem Punkt ist es notwendig, die Fakten zu berücksichtigen und logisch denkend zu handeln, aber auch auf dein Herz zu hören. Deine Entschlossenheit und Motivation werden für diese Reise wichtig sein.

Zwei der Schwerter

Stärken Guter Selbstschutz

Chancen Sich selbst und andere so akzeptieren, wie sie sind

Schwächen Emotionale Blockaden

Gefahren Sich selbst oder andere verletzen

Botschaft Es lohnt sich nicht, Gefühle oder Emotionen auf Eis zu legen, denn eines Tages wird dieses Eis schmelzen und du wirst nicht mehr in der Lage sein, mit ihnen umzugehen. Akzeptiere deine Gefühle und Emotionen.

Drei der Schwerter

Stärken Emotional

Chancen Sich seines emotionalen Zustands und seiner Gefühle bewusst sein, um mit jeder Situation richtig umgehen zu können

Schwächen Sich selbst zum Opfer machen, Herzschmerz

Gefahren Unwirkliche Ängste leben und fühlen

Botschaft Es ist notwendig, den Kopf freizubekommen. Gehe dazu in der Natur spazieren, wo du die Geräusche der Tiere und die Blätter der Bäume hörst, und wenn du innehältst, dann beginnst du allmählich zu verstehen und zu akzeptieren, was du fühlst.

Vier der Schwerter

Stärken Kann die eigene Energie gut selbst
wieder aufladen

Chancen Unbeschwert bereit für neue
Abenteuer und Projekte

Schwächen Pessimistisch und sozial isoliert

Gefahren Zieht sich möglicherweise mit
übertriebenen und negativen Gedanken
zurück, die zu Depressionen führen

Botschaft Es ist wichtig, jetzt die Phase des
Bei-sich-Seins hinter sich zu
lassen. Lasse zu, dass dein
Geist alle pessimistischen
Gedanken heilt, damit du neue
Lösungen und Ideen findest.

Fünf der Schwerter

Stärken Kämpfer*in

Chancen Überwinden der eigenen Ängste, Glauben an sich und andere

Schwächen Innere Ängste und Egoismus

Gefahren Für etwas kämpfen, das es nicht gibt, und sich allein fühlen

Botschaft Wenn du für etwas kämpfst, an das du glaubst, das aber nicht real ist, kann es dich oder andere verletzen. Versuche zuerst, deine inneren Ängste zu überwinden, da diese dich möglicherweise täuschen.

Sechs der Schwerter

Stärken Flexibilität, Vertrauen

Chancen Das Erreichen eines besseren Ortes,
sei es körperlich oder geistig

Schwächen Mangelnde Kommunikation

Gefahren Ist möglicherweise in seinen eigenen
Gedanken gefangen, die ihn*sie
nicht weiterkommen lassen

Botschaft Die Kommunikation
und der Gedankenaustausch
mit anderen kann
uns helfen, neue
Möglichkeiten zu
erkennen, um einen
besseren Ort zu finden,
an dem wir in Frieden und
Harmonie leben können.
Dieser Ort kann geistig oder
körperlich sein.

Sieben der Schwerter

Stärken Mysteriös

Chancen Der Wahrheit ins Auge sehen können

Schwächen Unehrlich

Gefahren Allein leben und von evtl.
unehrlichen Menschen umgeben sein

Botschaft Die Menschen um uns herum sagen
uns oft, wer wir wirklich sind.
Du hast die Macht, den Kurs deines Weges
zu ändern und bessere Entscheidungen
in deinem Leben zu treffen.

Acht der Schwerter

Stärken Urtümliches Leben

Chancen In einem Moment der Besinnung die Lösung finden

Schwächen Selbstsabotage

Gefahren Eigene Probleme schaffen, ohne aus ihnen herauszukommen

Botschaft Wir leben in der Gesellschaft und eignen uns automatisch Gewohnheiten und Überzeugungen an, die nicht zu uns persönlich passen. Befreie dich von ihnen, und du wirst die Lösungen für die Probleme erhalten, die du geschaffen hast.

Neun der Schwerter

Stärken Feinfühlig

Chancen Du kannst dich erneuern, nachdem du in die Tiefen deiner dunkelsten Gefühle gefallen bist.

Schwächen Ängstlich

Gefahren Du kannst dir die Fehler der Vergangenheit nicht verzeihen.

Botschaft Manchmal ist es notwendig, tief in unsere dunkelsten Emotionen einzutauchen, um das Leben wieder positiv zu sehen. Dies ist ein guter Zeitpunkt, um darüber zu meditieren, was dir den Weg zu deinem persönlichen Erfolg versperrt.

Zehn der Schwerter

Stärken Mächtig

Chancen Start eines neuen Lebensabschnitts

Schwächen Aufgeben

Gefahren Stagnation in der Vergangenheit

Botschaft Ein Neustart kann beängstigend sein, aber er ist auch mächtig, weil er das Leben in etwas Neues, Echtes und Einfaches verwandelt. Lasse das Leiden der Vergangenheit hinter dir und beginne, eine neue Gegenwart zu leben.

Page der Schwerter

Stärken Gute Kommunikation und hohe Aufmerksamkeit

Chancen Gute Planung führt zu erfolgreichen Ergebnissen.

Schwächen Zu stolz auf sich selbst

Gefahren Ein Projekt annehmen, auf das man geistig nicht vorbereitet ist

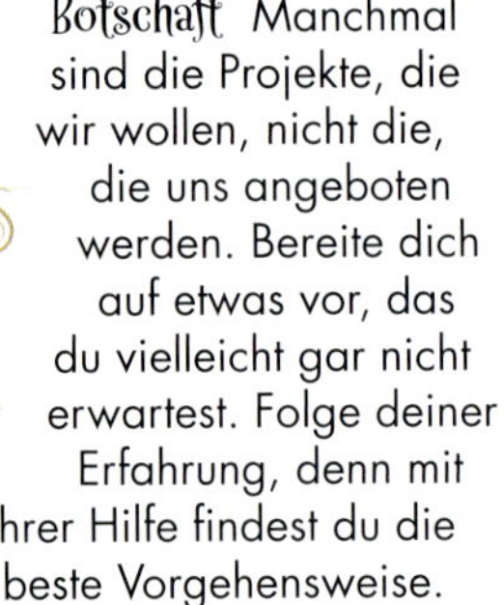

Botschaft Manchmal sind die Projekte, die wir wollen, nicht die, die uns angeboten werden. Bereite dich auf etwas vor, das du vielleicht gar nicht erwartest. Folge deiner Erfahrung, denn mit ihrer Hilfe findest du die beste Vorgehensweise.

Ritter der Schwerter

Stärken Aktiv und energisch

Chancen Neue Herausforderung

Schwächen Neigt zu Übermäßigkeit

Gefahren Trifft möglicherweise unüberlegt
Entscheidungen

Botschaft Du solltest in jedem
Bereich deines Lebens
Ausschweifungen unter Kontrolle
halten, weil diese
ein anspruchsvolles
Projekt, an dem du
gerade arbeitest,
ruinieren können.
Konzentriere deine
Energie auf dein
Projekt.

Königin der Schwerter

Stärken Ehrlichkeit und Realismus

Chancen Gute Ergebnisse können erzielt werden.

Schwächen Zu direkt

Gefahren Unterdrückte Emotionen, weil man sie mit niemandem teilen kann

Botschaft Ein Mensch mit einer starken Persönlichkeit, der realistisch und erfolgreich ist, hat auch Emotionen, auch wenn er diese nicht zeigt. Es ist notwendig, diese Emotionen herauszulassen und mit jemandem darüber zu sprechen.

König der Schwerter

Stärken Mächtig und gerecht

Chancen Starke mentale Kraft, die jede erdenkliche Situation meistert

Schwächen Zu durchsetzungsfähig und stark gegenüber anderen

Gefahren Vernachlässigung der eigenen emotionalen Bedürfnisse

Botschaft Gefühlsstärke ist genauso wichtig wie intellektuelle Stärke. Du darfst das Bedürfnis, deine emotionale Seite zu leben, nicht verleugnen, auch wenn du gerade sehr durchsetzungsfähig und stark handeln musst.

Ass der Münzen

Stärken Selbstvertrauen

Chancen Ausreichend Kenntnisse und Fähigkeiten sind da, um ein wichtiges Projekt zu verwirklichen

Schwächen Ehrgeizig

Gefahren Projekt mit schlechten Ergebnissen

Botschaft Wenn wir an einem Projekt beteiligt sind, müssen wir uns immer auf die Ergebnisse und Ziele konzentrieren. Wenn wir nur an den finanziellen Teil denken, lassen wir die anderen Dinge zu sehr schleifen.

Zwei der Münzen

Stärken Beweglichkeit und Flexibilität

Chancen Momente der Freude mit positiven Veränderungen, durch die man sich selbst besser kennenlernt

Schwächen Überstürztes Handeln

Gefahren Gerät leicht in geistige Verwirrung, weil er*sie zu viel auf einmal zu tun hat

Botschaft Der Glaube an uns selbst ist ein wichtiger Grundstein, um Schritt für Schritt voranzukommen und schließlich erfolgreich zu sein. Genieße dabei aber auch Momente der Freude und des Spaßes.

Drei der Münzen

Stärken Teamarbeit und gute Organisation

Chancen Menschen mit unterschiedlichen Kenntnissen und Fähigkeiten arbeiten zusammen und erzielen gute Ergebnisse.

Schwächen Zu perfektionistisch

Gefahren Sich in Details verlieren, die einen nicht weiterbringen, sondern im Gegenteil die Entwicklung blockieren

Botschaft Wenn wir offen dafür sind, Wissen von anderen zu empfangen, öffnen wir eine Tür zum Erfolg, ob persönlich oder anderweitig. Konzentriere dich auf deinen Teil und glaube daran, dass andere ihren Teil dazu beitragen werden.

Vier der Münzen

Stärken Kontrolliert

Chancen Sich aus einer festgefahrenen Situation befreien

Schwächen Geizig, materialistisch und besitzergreifend

Gefahren Ein nicht erfülltes Leben führen, entweder materiell oder geistig

Botschaft Wenn du alles um dich herum kontrollieren und andere zu deinem eigenen Vorteil manipulieren willst, kann das dazu führen, dass sich das Blatt gegen dich selbst wendet und dein Leben dadurch unglücklich wird.

Fünf der Münzen

Stärken Gefühlvoll

Chancen Das entdecken, was fehlt, um die
Leere im Leben zu füllen

Schwächen Schlechtes Selbstwertgefühl

Gefahren Das Gefühl, zu nichts und
niemandem zu gehören

Botschaft Hör auf, darüber nachzudenken,
was du im Leben nicht hast, und sei dankbar
für das, was du gerade hast.
Vergiss nicht, dass dein Glück
in deinen Händen liegt und nicht
in den Händen anderer.

Sechs der Münzen

Stärken Einfluss

Chancen Lass dich nicht von anderen
beherrschen oder manipulieren.

Schwächen Geringes Selbstwertgefühl

Gefahren Etwas von jemandem zu erhalten,
der etwas anderes im Sinn hat

Botschaft Wenn du Angebote von
anderen annimmst und dabei das
Gefühl hast, dich unterzuordnen,
dann ist es an der Zeit, aus diesem
Kreislauf auszusteigen. Dieser
Kreislauf kann nämlich für dich
und dein Umfeld gefährlich und
zerstörerisch sein.

Sieben der Münzen

Stärken Hart arbeitend

Chancen Du wirst für deine gute Arbeit belohnt und bist gut auf die nächste Herausforderung vorbereitet.

Schwächen Kritische Analyse

Gefahren Für nicht korrekt geplante Arbeit sind keine Belohnungen zu erwarten.

Botschaft Wenn du gute Pläne machst, solltest du daran denken, diese auch in die Praxis umzusetzen, zu überprüfen, ob sie gut durchgeführt wurden und zu handeln, wenn etwas falsch läuft. Du bist auf dem richtigen Weg.

Acht der Münzen

Stärken Diszipliniert

Chancen Eine Aufgabe richtig erledigen

Schwächen Routine stellt sich ein

Gefahren Versagen in anderen Lebensbereichen, weil man so sehr auf die Arbeit konzentriert ist

Botschaft Suche nach einem Gleichgewicht zwischen Arbeit und Privatleben. Es ist auch von Vorteil, wenn du dich weiterbildest und dir neue Fähigkeiten aneignest, damit du deiner Arbeit mehr Wert verleihen kannst.

Neun der Münzen

Stärken Unabhängigkeit

Chancen Aufgaben werden erfüllt, Momente des Glücks und der Harmonie stellen sich ein.

Schwächen Zu selbstsicher

Gefahren Das übermäßige Gefühl der Sicherheit kann in der Zukunft zu Problemen führen.

Botschaft Das, was alle wollen, kannst du jetzt erreichen, oder du hast es vielleicht schon erreicht. Aber sei nicht zu selbstsicher und glaube nicht, dass du in deinem Leben nichts mehr tun musst.

Zehn der Münzen

Stärken Kultur- und Traditionsbewusstsein

Chancen Gefühl der Sicherheit; Leben im Einklang mit den Werten der Vorfahren und der Gesellschaft, in der man lebt; glückliche Familie

Schwächen Zu große Angepasstheit an die Gesellschaft

Gefahren Nicht wissen, was anders ist, auch wenn das eigene Innere ausdrücklich darauf hinweist

Botschaft Du brauchst deine Werte oder dein Familienleben nicht in Frage zu stellen, um das zu tun, was du tun willst, solange du ehrlich dir und anderen gegenüber bist und dich selbst und andere respektierst.

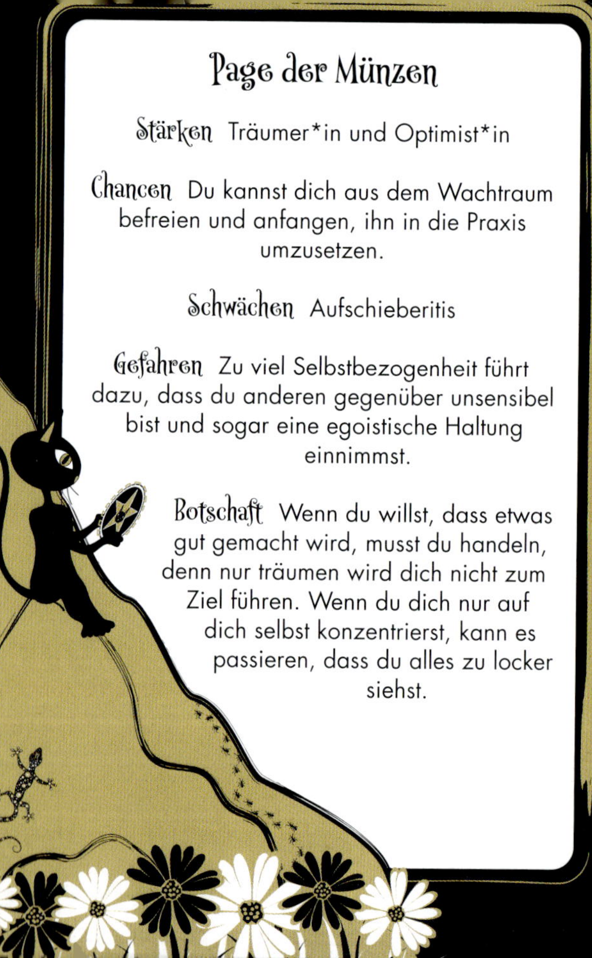

Page der Münzen

Stärken Träumer*in und Optimist*in

Chancen Du kannst dich aus dem Wachtraum befreien und anfangen, ihn in die Praxis umzusetzen.

Schwächen Aufschieberitis

Gefahren Zu viel Selbstbezogenheit führt dazu, dass du anderen gegenüber unsensibel bist und sogar eine egoistische Haltung einnimmst.

Botschaft Wenn du willst, dass etwas gut gemacht wird, musst du handeln, denn nur träumen wird dich nicht zum Ziel führen. Wenn du dich nur auf dich selbst konzentrierst, kann es passieren, dass du alles zu locker siehst.

Ritter der Münzen

Stärken Durchhaltevermögen

Chancen Akzeptiere deine eigene Energie und
ergreife Maßnahmen, um dein Leben
zu verbessern.

Schwächen Pessimistisch

Gefahren Im Voraus für etwas zu leiden,
das noch nicht eingetreten ist

Botschaft Bringe deine Energien ins Gleichgewicht und sei so optimistisch wie du aus-
dauernd bist. Um etwas gut
zu machen, muss
man sich auch
emotional
engagie-
ren, seinen
Geist öffnen
und sich an
etwas Neues
wagen.

Königin der Münzen

Stärken Gutherzig

Chancen Anderen das Gefühl geben, geliebt und sicher zu sein

Schwächen Vergisst sich oftmals selbst

Gefahren Du nimmst dir zu wenig Zeit für deine Meditationen, Rituale und Selbstfürsorge.

Botschaft Es ist schön, Liebe zu geben und andere glücklich zu machen, aber dafür musst du auch mit dir selbst im Einklang sein. Vergiss niemals, dass es dir auch gut gehen muss, wenn du etwas Gutes für andere tun willst.

König der Münzen

Stärken Versorger*in und
Verhandlungsführer*in

Chancen In der Lage, jede Situation zu lösen

Schwächen Emotionen

Gefahren Der Durst nach Gewinn und
materiellen Gütern lässt die emotionale Seite
zu kurz kommen.

Botschaft Ein erfolgreicher Geschäftsmensch,
ein Mensch, der in Sicherheit lebt und
auch ein guter Familienmensch muss sich auch
auf der emotionalen Seite reich fühlen,
um glücklich zu sein.

Über die Autorin und Künstlerin

Helena Isabel Isidro de Almeida wurde in Portugal geboren und lebt in Deutschland. Sie ist eine internationale Künstlerin, die spirituelle Kunst mit einem Hauch von Realität verknüpft. Als Autodidaktin hatte sie schon in jungen Jahren das Bedürfnis, ihre Gefühle durch Bilder auszudrücken, die vom Universum und der Natur inspiriert sind. Nach einer Karriere im Qualitätsmanagement entschied sie sich vor ein paar Jahren, diese Leidenschaft beruflich auszuleben.

@helenadealmeida.art • https://de-almeida.art